AF603115

LE MORALISTE

MESMÉRIEN.

LE MORALISTE MESMÉRIEN,

OU

LETTRES PHILOSOPHIQUES

SUR L'INFLUENCE

DU MAGNÉTISME.

> Ils (les Anciens) le regardoient comme un moyen puiſſant d'agir ſur le moral..... Ils le croyoient ſurtout très-propre à procurer un empire abſolu ſur l'eſprit ou le cœur des Femmes.
>
> M. THOURET, *pag.* 59.

A LONDRES,

Et ſe trouve à PARIS,

Chez { BELIN, Libraire, rue Saint Jacques.
BRUNET, Libraire, rue de Marivaux, près le Théâtre Italien.

M. DCC. LXXXIV.

LE MORALISTE MESMÉRIEN, OU LETTRES PHILOSOPHIQUES SUR L'INFLUENCE DU MAGNÉTISME.

LETTRE I.

Vous vous rappellez, sans doute, ce tems fortuné, Madame, où j'avois le bonheur de jouir de vos entretiens; vous savez qu'ils rouloient presque toujours sur une passion qui, disiez-vous, avoit fait le charme & le tourment de votre vie; vous en parliez d'une maniere si séduisante, qu'il étoit impossible de se refuser au plaisir de vous entendre. Lorsque vous analysiez le sentiment, je ne pouvois me lasser d'admirer l'art avec lequel vous saviez allier la sensibilité la plus pure à la logique la plus profonde; il m'arrivoit aussi de vous voir quelquefois approuver mes idées. Eh bien! Madame, permettez-moi de vous le dire, nous n'avons fait que déraisonner.

Brûlez tous vos Moralistes anciens & modernes; abandonnez vos idées les plus cheres, & mettez-vous bien dans l'esprit que la passion la plus générale, & dont on s'entretient le plus ſouvent, eſt encore la moins connue de toutes les paſſions.

Les premiers qui l'éprouverent, frappés des effets, ſans connoître la cauſe, l'attribuerent à l'influence d'une Divinité ; ce ſyſtême religieux, adopté par l'ignorance, fut révéré pendant pluſieurs ſiecles. Vénus & Cupidon eurent des autels, des offrandes & des ſacrifices : on fit des pélerinages réels pour déſarmer la colere de ces fauſſes Divinités, ou pour ſe concilier leur bienveillance.

Ces fables enchantereſſes perdirent enfin toute créance aux yeux de la raiſon ; la foi s'éteignit dans le cœur des fideles : on apperçut que tout ce merveilleux ne renfermoit que des contes propres à recréer l'imagination, mais non pas à ſatiſfaire la curiofité. Les temples de Cypris ne furent plus arrofés du fang des agneaux, ni des timides colombes. La mythologie devint le patrimoine exclufif des Peintres & des Poëtes ; mais la vérité ne fuit pas toujours la connoiffance de l'erreur.

Sur les débris de celle-ci, s'éleva le fyftême Platonique. Après avoir dépouillé l'Amour de fes attributs divins, on voulut cependant le fpiritualifer, le rendre indépendant de la matiere, & lui donner une exiftence purement intellectuelle : on ne lui dreffa plus des autels dans les villes ni dans les campagnes, mais on établit fon fanctuaire dans le fond des cœurs; on le fit confifter dans leur parfaite union, dans un certain mariage métaphyfique des ames: on expliquoit cette conjonction mystique, par un jargon qu'il n'étoit pas très-aisé de comprendre; on s'épuisoit en dissertations sur une matiere aussi féconde, & les femmes sur-tout ne tarissoient point en raisonnemens de toute espece.

Cette doctrine incompréhensible a tyrannisé les esprits pendant fort long-tems ; elle avoit encore des partisans dans le dernier siecle : le Peintre immortel du ridicule (1) la traduisit sur la scene ; une femme célebre par ses galanteries (2), après avoir consacré toute sa vie à l'amour, se crut obligée de la réfuter dans des lettres où brillent également l'esprit & la dialectique : elle en fit

(1) Moliere, dans les Femmes Savantes.

(2) Ninon de Lenclos.

ſentir tout le ridicule, en démontrant que cette paſſion ſi ſpiritualiſée, finiſſoit preſque toujours par produire des effets très-phyſiques. On commenca de croire qu'il étoit poſſible que les ſens y fuſſent pour quelque choſe; mais comme il eût été trop humiliant de ſe ſoumettre entiérement à leur dépendance, on ne s'occupa qu'à chercher un tempérament raiſonnable.

On a cru le trouver, & donner une explication auſſi vraie que ſatiſfaiſante, en diſtinguant dans l'amour le phyſique & le moral: le premier, réduit à l'acte de la jouiſſance, a été mis ſur le compte de la nature; le dernier, a été regardé comme le fruit de la civiliſation.

C'eſt par elle que nous avons appris à diſcerner les avantages précieux ou funestes de la beauté, de l'esprit, des graces, des richesses, de l'inégalité factice des conditions; & comme on a prétendu que ce n'étoit que sur l'estime sentie de ces mêmes qualités, que se décidoient les préférences, on a cru voir dans la société, la cause premiere de ce qu'on appelle le moral de l'amour.

Suivant ces Moralistes, le Sauvage n'ayant aucune idée de ces biens auxquels nous attachons tant de prix, n'a que l'amour du moment ; ce n'est pour lui qu'un besoin qu'il satisfait dans la premiere coupe de la volupté que le hasard lui présente, & cela sans goût, sans habitude & sans préférence marquée.

Cette erreur ingénieuse passe, dans l'esprit de bien des gens, pour une vérité démontrée : vous savez,

Madame, que j'avois l'honneur de la partager avec vous; mais quelque ſpécieuſe qu'on la ſuppoſe, elle ne peut ſoutenir l'examen rigoureux des principes dont elle eſt la conſéquence.

Enfin, le célebre Auteur de la découverte du Magnétiſme animal, a fait pour l'amour, ce que Newton fit pour le ſyſtême du monde; ſa doctrine en explique tous les phénomenes: on peut en étudier la filiation, en parcourir la chaîne, & remonter à la cauſe primitive. Il porte le flambeau de la vérité ſur l'arbre de vie, où croiſſent les jouiſſances les plus cheres à l'eſpece humaine: quand on en cueillera les fruits, on ſaura du moins ce que l'on cueille; ce ne ſera plus dans une ignorance vraiment humiliante qu'on ira le mettre à contribution. Convenez qu'on ne peut mieux mériter de ſes ſemblables, & que l'être précieux qui vient d'ajouter à la ſomme de nos connoiſſances un ſupplément auſſi néceſſaire, nous a fait un cadeau qu'on ne ſauroit évaluer.

Vous êtes faite pour en ſentir tout le prix ; je vous dois l'explication du ſyſtême dans lequel il réſide : mais pour ne pas abuſer de votre complaiſance, je la renvoie à ma premiere lettre. Ne vous dépêchez point de me traiter d'homme à paradoxe ; je ſais combien les opinions nouvelles ont de la peine à s'établir ſur celles qui ſemblent avoir acquis droit de bourgeoiſie : c'eſt une prévention qu'on ne ſurmonte pas facilement ; mais vous êtes trop judicieuſe pour ne pas ſavoir que des erreurs accréditées n'en ſont pas moins des erreurs, & qu'en bonne juſtice il ne faut pas condamner les gens ſans les entendre.

Je ſuis, &c.

LETTRE II.

Les découvertes ſont le fruit du haſard, ou des recherches du génie; elles ſe préſentent ſouvent aux hommes, mais ce n'eſt qu'à de longs intervalles qu'elles trouvent des mains aſſez habiles ou aſſez heureuſes pour les recueillir.

C'eſt ainſi que lorſque dans un accès de jalouſie, je brûlai les lettres tendres & paſſionnées d'une maîtreſſe infidelle; au lieu de reconnoître dans la fumée qui en enlevoit les débris, le principe de la ſublime découverte des *Mongolfiers*, je n'y vis autre choſe que l'emblême de la légéreté de celle qui les avoit écrites.

S'il eſt ſi facile de ſe méprendre

ſur la nature & l'application des objets qui tombent ſous nos ſens; s'il eſt poſſible que nous les voyions ſans les voir, à plus forte raiſon devons-nous être aveugles pour ceux qu'une dépendance moins immédiate ne ſoumet qu'à l'inſpection du raiſonnement; & c'eſt ce qui nous arrive à l'égard des paſſions.

Il ſemble qu'il étoit tout ſimple de conſidérer l'amour comme un effet purement phyſique, & d'en chercher la cauſe naturelle; c'eſt cependant ce qu'on n'a point fait: il a fallu des ſiecles pour amener le ſyſtême que je vous annonce, & qu'on s'obſtinera peut-être encore à ne vouloir pas adopter. Pour vous en développer les principes, j'ai beſoin de toute votre attention; veuillez bien me la prêter avec cette indulgence qui vous eſt familiere ; je tâcherai d'être le moins abſtrait qu'il me ſera poſſible.

Il faut d'abord que vous ſachiez, Madame, que la cauſe phyſique de notre exiſtence n'eſt point en nous ; elle gît dans un fluide élémentaire, qu'on peut regarder comme le fluide par excellence, parce qu'il remplit l'univers, le pénetre & le vivifie.

C'eſt en lui & par lui que nous vivons ; patrimoine vital commun à tous les êtres, il ne ceſſe de produire en nous l'effet que nous appellons vie, que lorſque par des accidens ou des circonſtances particulieres, nous ceſſons d'être ſuſceptibles de le recevoir dans la direction convenable à cet effet.

Tant que nous vivons il s'établit une correſpondance entre nous &

les êtres ſemblables ou analogues, au moyen de laquelle nous recevons d'eux & nous leur tranſmettons ce fluide par des aſpirations & des émiſſions continuelles; de maniere que, dans ce ſens là, nous pouvons dire que nous reſpirons tout ce qui nous environne, & que tout ce qui nous environne nous reſpire.

Mais ce fluide a la propriété de s'accumuler dans un corps plus que dans un autre; tantôt nous en avons trop, tantôt nous n'en avons pas aſſez: il eſt bien rare que nous le poſſédions dans un parfait équilibre; & c'eſt en cela qu'il faut chercher la cauſe de nos maladies & de nos affections.

Dans l'enfance, tout ce qu'on obtient de ce précieux fluide, ſert à l'accroiſſement de l'individu; mais après le développement ſucceſſif de nos organes, recevant toujours & dépenſant moins, ce ſuperflu de vie doit néceſſairement s'accumuler en nous; & comme il n'eſt pas dans la nature de rien prodiguer, ni d'agir ſans deſſein, elle ne ſe montre ſi libérale à notre égard, qu'afin de nous diſpoſer à concourir à la ſageſſe de ſes vues: de maniere qu'enrichis d'un excès de vie, auquel nous ne pouvons plus ſuffire, -nous éprouvons le beſoin d'un être analogue, à qui nous puiſſions le communiquer. Le concours de deux individus étant néceſſaire à la reproduction de l'eſpece, la nature profite de ce beſoin pour les rapprocher; alors s'opere cette communication & ce mêlange de vie, par lequel les deux individus réunis, vivant l'un dans l'autre, acquierent une double existence qui leur est commune; ils ne sont plus qu'un par cette modification, & remplissent le vœu de la nature en reproduisant leur semblable.

Qui pourroit méconnoître l'enchaînement de ses vues, dans un système où tout annonce la sagesse de sa conduite ? Elle place dans la surabondance de vie qui sert à l'accroissement de l'existence individuelle, le principe du rapprochement & de l'union d'une existence pareille; & de la richesse qui résulte de cette existence composée, elle en extrait une troisieme, simple & individuelle, qui participe des deux autres dont elle est le produit & l'effet.

Pour vous convaincre de la vérité de cette théorie, examinez les symptômes d'un amour naissant; il s'annonce

par

par des palpitations, des ſoupirs, des ſuffocations : il ſemble qu'on ſoit accablé d'un poids dont on deſire d'être ſoulagé. On voudroit, pour ainſi dire, ſe répandre hors de ſoi, ſe quitter pour s'identifier dans un autre objet : tout cela n'annonce-t-il point cette ſurabondance de vie, cette réplétion de ce précieux fluide qui nous tourmente, juſqu'à ce que, obéiſſant aux loix de l'attraction, il paſſe dans un autre individu par une communication établie ?

Voilà pourquoi les faveurs qui ſembleroient devoir fortifier l'amour par les liens de la reconnoiſſance, lui creuſent inévitablement ſon tombeau : quelques ſermens qu'on faſſe de s'aimer toujours, la nature nous condamne à devenir parjures.

Lorſque par des émiſſions réitérées

nous avons dépensé toute la surabondance du fluide vital, ou magnétique, c'est en vain que nous faisons des efforts pour rappeller des sensations qu'il n'est plus en notre pouvoir d'éprouver : c'est en vain que nous nous obstinons à porter des chaînes dont chaque jour aggrave la pesanteur ; nous n'éprouvons plus ces besoins amoureux, ces agitations intérieures, qui nous transportoient dans les premiers tems de notre passion.

D'après cela, Madame, il vous sera facile d'expliquer l'impétuosité des desirs qui précede la jouissance, la douce langueur qui lui succede, & la renaissance de ces mêmes desirs, jusqu'à ce que la source qui les produit, se trouvant entiérement épuisée, ne leur fournisse plus d'aliment.

Vous verrez encore comment les paſſions les plus vives ſont ordinairement les moins durables ; leur opulence les rend prodigues, & bientôt elles ſe trouvent au deſſous du néceſſaire, ſuite inévitable de toutes les dépenſes où ne préſide point l'économie.

Mais ce n'eſt pas toujours à cette indigence de fluide qu'il faut attribuer l'indifférence qui ſuccede à l'amour ; il eſt même bien rare de le voir mourir ainſi de ſa belle mort, c'eſt-à-dire, de conſomption ou de vieilleſſe : d'autant mieux que lorſqu'il s'uſe de cette maniere, il n'en réſulte pas ordinairement des ſuites fâcheuſes ; la diſpoſition phyſique n'exiſtant plus dans aucune des deux parties, on ſe quitte à peu près ſatiſfaits l'un de l'autre.

Le changement de communication

eſt bien plus à craindre. Malheur à celui qui, dans cet état, ſe trouvant ſurchargé d'un fluide importun, tend à ſe répandre vers l'objet qui l'attiroit & qui le repouſſe, parce qu'il obéit aux loix d'une attraction nouvelle. De toutes les conditions, ſans doute, c'eſt la pire; plus on éprouve de réſiſtance, plus le fluide s'accumule: de-là toutes les criſes violentes, les tranſports, les accès, les fureurs de la haine & de la jalouſie.

Faute de connoître le principe phyſique, d'où dérivent tous les phénomenes de l'amour, on s'exhale en plaintes ameres contre un infidele; on l'accable des reproches les plus injuſtes & les moins mérités; on l'accuſe de noirceur, d'ingratitude & de perfidie.

Inſenſé! ..... quel eſt donc le

crime de cette beauté dont l'inconstance te désespere ? ton malheur n'est point son ouvrage : pourquoi l'outrager après l'avoir adorée ? Combien je t'abhorrerois, si ton infortune & ton ignorance ne couvroient les erreurs de ton injustice.

Celle dont tu te plains, fut pendant quelque tems, dans les mains de la nature, l'instrument de ton bonheur : vous mêlâtes ensemble le principe de votre vie pour en former une existence commune ; elle vécut en toi, tu vécus en elle . . . . mais vous ne futes point les causes efficientes de cette union d'où résulta votre félicité ; vous n'étiez en cela que des êtres passifs, soumis à des loix physiques & nécessaires ; par la même raison qu'elles amenerent la position que tu regrettes, elles en operent aujourd'hui le changement. Apprends à fléchir ſous le joug impérieux de la néceſſité. Que dirois-tu du vieillard qui s'arracheroit les cheveux, & s'en prendroit à ſon pere de n'être plus jeune ? Ses plaintes ne ſeroient ni plus injuſtes ni plus ridicules que les tiennes. Accuſe la nature ; demande-lui compte de ſa conduite à ton égard ; ou s'il te reſte encore des moyens d'être heureux, ſi tu ſens en toi-même plus de vie qu'il ne t'en faut pour végéter, cherche un nouvel objet, entre lequel & toi puiſſe s'établir la communication magnétique, dont la ſuppreſſion cauſe ton déſeſpoir.

Je crois en effet, Madame, que c'eſt le parti le plus raiſonnable ; car, quoique l'agent naturel dont je vous parle, agiſſe ſur nous ſans que nous puiſſions agir ſur lui : cependant, lorſque nous en ſommes fortement imprégnés, nous pouvons, par le regard qui eſt une eſpece de frottement, le renvoyer, l'attirer, & parvenir quelquefois à former une communication habituelle.

Voilà pourquoi toute femme, un peu curieuſe de conſerver ſa vertu, fuit ordinairement la préſence de ceux qui la deſirent, parce qu'elle ſent bien qu'à force d'être *magnétiſée*, elle ne pourroit ſe diſpenſer d'obéir aux loix de l'attraction.

Vous conviendrez vous-même, qu'il eſt bien rare que celles qui ſont aſſez novices, aſſez imprudentes, ou aſſez téméraires pour s'y expoſer, n'en ſoient pas les victimes.

Adieu, Madame, réfléchiſſez ſur tout ce que je viens de vous écrire ; faites-en l'application ; j'attendrai votre réponse pour vous faire part de mes autres idées.

Je suis, &c.

LETTRE

LETTRE III.

Votre incrédulité ne me ſupprend point : je ſais, par ma propre expérience, qu'en fait de préjugés, les plus difficiles à détruire ſont ceux qui tournent au profit de notre amour-propre. Nous ſommes accoutumés à chercher dans notre cœur le principe de nos affections ; à les regarder comme des émanations de notre ame : cette idée nous paroît ſublime, parce qu'elle nous éleve au-deſſus de nous-mêmes ; enfantée par l'orgueil, elle ſert d'aliment à ſon pere : il n'eſt pas ſurprenant que nous y tenions de maniere à ne vouloir pas en être détrompés ; mais avant de l'adopter, parce qu'elle nous flatte, ne ſeroit-il pas à propos d'examiner ſi elle eſt vraie ? Et que ſert à l'homme de ſe mettre au rang des Dieux, ſi ſa foibleſſe l'avertit continuellement de ſon impuiſſance ?

Il vous plaît de mettre l'amour dans votre dépendance, & de l'attribuer à des cauſes morales ; mais ſi la nature veut que vous ſoyez dans la ſienne, & qu'il agiſſe ſur vous par des loix phyſiques, votre opinion changera-t-elle ſes décrets ?

Sachez donc, Madame, que ce que les Poëtes appellent *ardeur*, *flamme*, *feu divin*, n'eſt autre choſe que le fluide magnétique ; lorſqu'ils diſent à leurs Maîtreſſes que leurs yeux lancent des étincelles, ils n'expriment ſous cette métaphore que l'action de renvoyer ce fluide : & pourquoi les amans deſirent-ils de ſe voir ?

Croyez-vous bonnement que ce ſoit pour leurs beaux yeux ? Si leurs avides regards ne peuvent ſe laſſer de contempler l'objet aimé ; s'ils ſouhaitent d'être toujours enſemble, de ne jamais ſe quitter, croyez-vous que ce ſoit dans l'unique vue de jouir d'un entretien agréable, ou d'admirer des formes extérieures auxquelles on a fauſſement attribué le pouvoir d'inſpirer la tendreſſe ?

S'il en étoit ainſi, les paſſions ſeroient éternelles, ou du moins elles dureroient autant que les charmes qui les auroient produites. Cependant une femme ſpirituelle ne devient point idiote, au moment où ſon adorateur devient infidele : les attraits de la figure, quelque fragiles qu'on les ſuppoſe, ſurvivent quelquefois à la perte d'un inconſtant ;

preuve bien évidente que ce n'eſt pas dans la beauté ni dans les qualités morales qu'il faut chercher le principe de l'amour : le bandeau que les anciens lui prêtent, ne doit ſon exiſtence qu'à cette vérité reconnue.

Combien de fois n'avez-vous pas entendu déſapprouver le choix de certaines perſonnes ? Combien de fois ne vous eſt-il pas arrivé peut-être à vous-même, de vous écrier en apprenant les intrigues des gens de votre connoiſſance ; « O ciel ! eſt-il poſſible ? mais qu'a-t-elle donc de ſi ſéduiſant ? Elle eſt laide à faire peur ; elle eſt d'une bêtiſe amere. En vérité, c'eſt un goût bien baroque : peut-on ſe prendre de belle paſſion pour un être auſſi diſgracié ? »

J'eſpere que d'après mes principes vous ſentirez tout ce que de pareilles obſervations ont de ridicule & d'abſurde ; il s'agit bien de tout cela dans le commerce amoureux. Qu'importe la beauté, la laideur, la bêtiſe ou l'eſprit ? toutes ces qualités ne ſont-elles pas parfaitement étrangeres à l'amour ? Si juſqu'à préſent on n'a ceſſé d'y chercher des motifs de préférence ou d'averſion, c'eſt parce qu'on n'en ſavoit pas davantage. L'ignorance & la manie de tout expliquer, ont fait ſubſtituer à la cauſe phyſique & réelle de nos affections, des cauſes imaginaires dont l'expérience démontre la fauſſeté.

Non, Madame, ſoit dit ſans vous déplaire, ce ne ſont point les graces, la beauté ni le mérite perſonnel qui nous font ſoupirer auprès d'une femme ; ce n'eſt pas non plus le manque de ces avantages qui nous en éloigne.

Tout dépend de la correſpondance du fluide magnétique, qui s'établit ou ne s'établit point entr'elle & nous: voilà la véritable explication de la ſympathie & de l'antipathie ; enfin, de ce *je ne ſais quoi* qu'on a répété tant de fois pour exprimer un effet dont on ne pouvoit définir la cauſe.

Il ſemble même que la nature ait averti les belles femmes du peu de pouvoir qu'elles ont ſur l'amour. Pour peu qu'on les étudie, on voit qu'elles ſongent toujours à plaire, & fort rarement à attacher: cette idée ne leur vient que lorſque la ſurabondance du fluide magnétique les ſoumet aux loix de l'attraction.

Alors, on eſt quelquefois tout étonné de ce que fort improprement on appelle leur choix, comme s'il leur avoit été libre de choiſir: on les blâme de n'avoir pas préféré dans le nombre, non pas des adorateurs, c'eſt encore un abus des termes, mais des admirateurs de leur beauté, ceux qui, par des qualités aimables ou brillantes, ſembloient devoir mériter la préférence ; comme ſi la préférence ſe fondoit ſur ces mêmes qualités.

Je conviendrai, ſi vous voulez, que nos yeux ſe fixant avec plus de complaiſance ſur les tableaux d'un grand Peintre, que ſur les eſquiſſes d'un barbouilleur ; de même nous les arrêtons plus volontiers ſur une belle femme que ſur une laide ; & en cela, la premiere peut avoir quelque avantage : car, nos yeux étant l'organe par où s'operent les premieres émiſſions du fluide vital, il eſt poſſible que la communication s'établiſſe à force de les tenir attachés ſur le même objet ; mais il faut que le fluide ſe trouve des deux côtés dans une diſpoſition convenable ; ſans cela point d'effet.

D'ailleurs, dans ce cas-là même la beauté ne pourroit être regardée que comme cauſe occaſionnelle de l'amour ; ce ne ſeroit point elle qui l'auroit produit ; il ne ſeroit donc pas juſte de lui en faire honneur.

Enfin, ſi c'étoit dans la beauté que réſidât le type ou le principe de l'amour, elle en auroit le privilége excluſif ; elle aſpireroit toutes les affections ; on ne pourroit ſe refuſer à ſon empire ; plus de ſalut pour la laideur : vous ſentez combien cette opinion ſeroit erronée.

Concluons donc, malgré le préjugé contraire, que l'amour ne fait aucune acception des perſonnes; que, ſemblable au Prince équitable qui rend juſtice au pauvre comme au riche, il répand ſes bienfaits dans une égalité parfaite : la beauté n'a pas plus de privilége auprès de lui que la laideur ; elles marchent ſur la même ligne : il ne connoît d'autre diſtinction que celle du plus ou du moins de fluide vital, dont elles ſont imprégnées, imitant encore en cela le ſage, qui ne diſtingue les hommes que par leurs vices ou leurs vertus.

Je ſuis, &c.

LETTRE IV.

DES plaiſanteries ſpirituelles ne réfutent point des raiſonnemens appuyés ſur les faits. Les intérêts de la beauté ne pouvoient être confiés à de plus dignes mains ; jamais elle n'auroit pu ſe choiſir d'orateur plus propre à les faire valoir : on voit bien, Madame, que vous êtes perſonnellement intéreſſée à défendre ſa cauſe ; & quelqu'un qui n'auroit pas la conviction intime de la vérité, ne pourroit, ſans doute, réſiſter au charme de votre éloquence : mais malheureuſement vous la prodiguez en pure perte.

Je n'ai pas prétendu nier les avantages réels de la beauté : renfermé dans mon ſujet, je vous ai dit qu'elle produiſoit en nous une ſenſation de plaiſir ; mais que ce plaiſir étoit étranger à l'amour : ſi quelquefois ce dernier lui ſuccede, ce n'eſt pas une raiſon de les confondre, ni de le faire dériver d'une ſource qui n'eſt point la ſienne. Les preuves de la préférence accordée à la laideur, ſuffiroient pour établir que lorſqu'une belle femme a le bonheur d'aimer & d'être aimée, ce n'eſt point à ſes attraits qu'elle en eſt redevable.

Je ſais bien que les belles femmes s'arrogent encore cette ſupériorité ſur les laides, & que ces dernieres ont la bonté de la reconnoître ; mais il eſt tems de les arracher à cette injuſte ſubordination : elles auront toujours aſſez de quoi gémir ; ne leur refuſons pas ce qui leur appartient ;

& ſi nous ne voulons pas être indulgens, ſoyons du moins équitables. N'eſt-ce pas un ſervice à rendre à ces deux claſſes de la ſociété, que de les éclairer ſur leurs prétentions reſpectives ? L'une n'eſt-elle pas trop orgueilleuſe, & l'autre trop humiliée ? Où eſt donc ce ſentiment qui nous conduit à l'appui de la foibleſſe ? Par quelle étrange cruauté nous rendons-nous les complices de la tyrannie, & les fauteurs de la vexation ?

Ah ! du moins lorſqu'il s'agira d'amour, que la laideur puiſſe dire à la beauté : « Pourquoi ces ſorties indécentes, calomnieuſes & ridicules ſur le goût de mes amans ? D'où vient cette ſupriſe, de ce qu'ils s'attachent à mon char auſſi bien qu'au vôtre ? Je ne vous diſpute point le droit de briller excluſivement à moi ;

la différence de nos formes extérieures, vous en a mise en possession : mais le principe de vie qui nous anime sous cette écorce, n'est-il pas le même ? Si c'est en lui seul que réside la faculté de sentir & d'inspirer l'amour, mes droits ne sont-ils pas égaux aux vôtres ? Ne seroit-il pas absurde à la vigne, de prétendre que c'est des couleurs purpurines de ses grapes, qu'elle tire la propriété d'embrasser l'ormeau ? Sa surprise sur ce que le liere n'ayant pas les mêmes qualités, jouiroit du même avantage, ne seroit-elle pas vraiment ridicule ? »

Cette derniere comparaison, Madame, est on ne peut pas plus juste : c'est en vain qu'en dissertant sur l'intérêt général qu'inspire la beauté, vous prétendez identifier l'amour, avec cette espece d'intérêt. Si la présence de la beauté plaît à nos yeux, si nous desirons sa conversation, si sa destruction nous afflige, les femmes qui la possédent ont cela de commun avec tous les objets en qui l'art ou la nature impriment cette qualité : cet intérêt est bien différent de celui qui fait dépendre notre sort de l'être qui l'inspire, & c'est ce qui caractérise l'intérêt d'amour.

Votre lettre contient une objection victorieuse en apparence, & qui cependant n'en est pas plus décisive.

« Il est si vrai (dites-vous) que la beauté seule a le droit d'inspirer l'amour, que si la laideur obtient quelquefois la préférence, ce n'est que par une erreur de l'imagination; on n'aimeroit point, si l'on ne suppoſoit la béauté dans l'objet qu'on aime. C'eſt ce que Moliere a ſi bien exprimé dans ces vers du Miſanthrope, où il dit :

Qu'on voit les amans vanter toujours leur choix;
Leur paſſion jamais n'y voit rien de blâmable,
Et dans l'objet aimé, tout leur devient aimable.
Ils comptent les défauts pour des perfections,
Et ſavent y donner de favorables noms.
La pâle eſt au jaſmin en blancheur comparable;
La noire à faire peur, une brune adorable;
La maigre a de la taille & de la liberté;
La graſſe eſt, dans ſon port, pleine de majeſté;
La mal-propre ſur ſoi de peu d'attraits chargée,
Eſt miſe ſous le nom de beauté négligée;
La géante paroît une déeſſe aux yeux;
La naine, un abrégé des merveilles des Cieux;
L'orgueilleuſe a le front digne d'une couronne;
La fourbe a de l'eſprit; la ſotte eſt toute bonne.

D'après cette tirade ingénieuſe, vous concluez que c'eſt toujours à la beauté réelle ou ſuppoſée, (ce qui revient au même pour les effets qui en résultent) qu'on doit attribuer la puissance productrice de l'amour.

Je pourrois vous observer que cette regle n'est pas sans exception : le chef-d'œuvre même dans lequel vous avez puisé les vers que je viens de citer, en offre la preuve ; on y voit l'austere censeur des actions humaines, épris d'une coquette, lui reprochant ses défauts & l'aimant à la folie ; une exception pareille suffiroit pour détruire toute la force de votre objection. Mais je veux bien supposer l'existence de l'erreur dont vous parlez : ne serez-vous pas forcée de convenir qu'elle est absolument étrangere à l'amour ? Pour démontrer que c'est elle qui le produit, il faudroit qu'elle le précédât toujours ; & vous savez que ce n'est que lorsqu'on est bien épris, que les défauts se ſe changent en perfection ; on eſt ſurpris de ne plus retrouver dans l'objet qu'on aime, ces mêmes défauts qui bleſſoient auparavant : preuve certaine qu'on les a reconnus, & que ce n'eſt pas de l'erreur ſur ce point qu'eſt provenue la paſſion que l'on reſſent, ce qu'il faudroit ſuppoſer dans votre ſyſtême ; & non-ſeulement l'amour ne provient point de cette erreur, mais cette erreur elle-même n'eſt pas le fruit de l'amour : quoiqu'elle paroiſſe émaner de lui, ce n'eſt pas de lui que nous la tenons.

Dans le tems de l'indifférence, l'objet actuel de notre paſſion faiſoit corps étranger avec nous ; mais du moment que s'eſt opérée la communication du principe de notre vie avec le ſien, il eſt devenu partie de nous-mêmes; il vit de notre vie, & nous vivons de la ſienne; & comme nous ſommes ordinairement les derniers à nous appercevoir de nos défauts, qu'ils bleſſent les autres, tandis que nous n'en ſommes pas bleſſés; l'être qui, par cette agrégation, eſt devenu nous-mêmes, doit néceſſairement participer à cette erreur de notre amour-propre.

C'eſt donc à l'amour-propre qu'il faut attribuer l'illuſion dont vous parlez; l'amour ne nous la donne pas, elle ne peut nous donner l'amour: enfin, nous n'embelliſſons pas l'objet de notre affection, parce que nous l'aimons, mais parce que nous nous aimons nous-mêmes.

Ainſi vous voyez, Madame, que votre objection, loin de détruire mon ſyſtême le fortifie; l'argument que vous prétendiez en tirer en faveur de la beauté, tombe de lui-même, puiſque je vous montre la laideur, dépouillée du preſtige de l'imagination dont vous l'aviez entourée; belle de ſa propre beauté, s'il eſt permis de s'exprimer de la ſorte, & dans cette nudité qui vous paroît ſi repouſſante, obtenant la préférence ſur la beauté même: ſi dans la ſuite elle brille d'un éclat emprunté, ce n'eſt point l'amour qui la décore; elle s'enrichit d'un amour-propre étranger qui le lui prête.

Ce n'eſt donc pas dans la beauté réelle ou ſuppoſée qu'il faut chercher le principe de l'amour; cette qualité ne l'attire point, ſon contraire ne le repouſſe pas; il n'obéit qu'à des loix phyſiques, indépendantes de toute influence morale: une belle femme s'abuſe groſſierement, lorſqu'elle ſe flatte de l'inſpirer, préciſément parce qu'elle eſt belle; la laide ne s'abuſe pas moins, lorſqu'elle ſe rend aſſez de juſtice pour ſe croire telle, & que dans cette certitude elle croit ne devoir pas prétendre à ſes bienfaits: toutes deux jouiſſent également de la faculté phyſique de la vie, & par conſéquent ont les mêmes droits à l'amour.

Je ſuis, &c.

LETTRE V.

SI la beauté ne peut rien ſur l'amour, en eſt-il de même de l'éloquence? N'eſt-ce pas elle qui le produit, le vivifie, & donne à ſon empire une conſiſtance durable? N'eſt-ce pas elle qui développe le germe précieux de la ſenſibilité dans le fond des cœurs? Quelque durs qu'ils ſoient, ne s'amolliſſent-ils pas au feu brûlant de ſes diſcours?

J'en ſuis fâché pour l'éloquence; mais en amour, Madame, elle n'a pas plus de pouvoir que la beauté.

Je le répete encore une fois, qu'il ne ſoit plus queſtion de *cœur*, *d'ame*, *de ſenſibilité*, lorſqu'il s'agira de cette paſſion. Eſt-ce dans des idées intellectuelles, dans les termes abſtraits de la métaphyſique, qu'il faut chercher l'explication d'une maniere d'être, dont la cauſe phyſique exiſte dans la nature? Elle vous montre l'agent réel qui la produit: pourquoi vous obſtiner à le méconnoître?

L'éloquence, loin de procréer l'amour, eſt au contraire le fruit de cette paſſion: jamais elle ne la précede; on la voit toujours marcher à ſa ſuite; elle peint les ſenſations occaſionnées par l'amour, mais elle ne les donne pas.

En effet, a-t-on jamais vu deux amans ſe livrer à cette intempérance de langue, à ce bavardage amoureux, très-inſipide pour ceux qui n'y ſont point intéreſſés, avant que leur paſſion fût confirmée? Ne ſont-ce pas les yeux qui jouent le premier rôle ? Ce qu'on appelle leur langage produiroit-il l'effet que nous lui voyons produire, s'il ne renfermoit une véritable attraction ? Quel est celui qui n'avouera point avoir passé des heures délicieuses à considérer sa Maîtresse ? Attacheroit-on un si grand prix à cette faveur ? Braveroit-on la fatigue, le froid, la faim, les périls les plus éminens pour se la procurer, si cette jouissance se bornoit uniquement au plaisir de la vue ?

Enfin, d'où vient que l'absence est si cruelle, & presque toujours si fatale aux amans ? Ce n'est pas parce qu'elle les prive du plaisir de se parler, puisque le papier devient le confident de leurs pensées, & les leur rend avec la fidélité la plus exacte ; mais ils ne se voient point, & c'est ce qui les désole.

Quand on veut éteindre une passion malheureuse, les raisonnemens les plus concluans servent-ils à quelque chose ? Ne faut-il pas se résoudre à fuir l'objet aimé ? La rechute n'est-elle pas ordinairement infaillible, si l'on a le malheur de le revoir ?

Quelquefois on veut s'armer de courage ; on se persuade qu'on peut affronter ses regards, les recevoir avec indifférence, & remporter une victoire complette sur soi-même : qu'arrive-t-il ? On s'y expose, on en revient plus épris, & l'on se reproche sa foiblesse, comme s'il étoit en soi de s'opposer à l'action du fluide magnétique, de se dérober à un effet physique, & de renverser les loix de la nature par le seul acte de sa volonté.

Je crois en avoir assez dit, Madame,

Madame, pour vous convaincre que les agrémens de la figure, & les reſſources de l'éloquence, qu'on a regardés juſqu'ici comme des moyens propres à inſpirer l'amour, ſont bien innocens de ce dont on les accuſe : quant aux richeſſes, je ne vous en parlerai point; vous ſavez auſſi bien que moi, qu'avec de l'or on ne ſe procure que le mécaniſme de l'amour; ſi quelquefois l'agent qui doit le mettre en jeu ſe trouve dans l'emplette, ce n'eſt point à ſa fortune qu'on en eſt redevable, mais au haſard qui préſide à bien d'autres choſes.

Si j'écrivois à toute autre perſonne, je bornerois ici la réfutation du ſyſtême moral de l'amour, & je croirois avoir pleinement rempli ma tâche : mais je ſens qu'avec vous il me reſte encore de plus grandes difficultés à vaincre ; vous ne reconnoîtrez ſon eſſence phyſique & ſon indépendance abſolue du moral, que lorſque je vous aurai prouvé qu'il ne met aucune différence entre les bons & les méchans, qu'il agit ſur eux par des procédés ſemblables, & que le vice & la vertu n'influent en rien ſur ſes opérations : c'eſt ce que je tâcherai d'établir dans les premieres Lettres que j'aurai l'honneur de vous adreſſer.

Je ſuis, &c.

LETTRE VI.

SI l'amour eſt fondé ſur une cauſe phyſique, s'il eſt indépendant de toute influence morale, il ne peut être provoqué par la vertu, ni repouſſé par le vice : le méchant & l'homme de bien doivent l'éprouver dans la même proportion & de la même maniere, parce que leur exiſtence phyſique eſt la même, & que la différence que nous appercevons entr'eux ne provient que du moral.

Vous avez été révoltée de cette propoſition, quand je vous l'ai annoncée dans ma derniere Lettre ; elle vous a paru bien étrange, bien paradoxale, bien abſurde ; cependant elle n'en eſt pas moins vraie, & ſi j'ai le bonheur de rendre mes idées avec toute la force & la clarté dont je sens qu'elles sont susceptibles, vous serez forcée d'en convenir vous-même,.

Cette discussion, nécessairement abstraite, exigeroit sans doute une plume qui pût en sauver l'aridité par les agrémens du style; mais l'avantage précieux de captiver votre attention, qu'un autre trouveroit dans un art qui m'est étranger, j'ose l'espérer de votre indulgence : permettez-moi donc de la réclamer; & dans la certitude que vous ne me la refuserez point, souffrez que je néglige entiérement la forme, pour ne m'occuper que du fond, & que je songe bien moins à faire de belles phrases, que des raisonnemens solides.

Il faut distinguer en nous l'existence

physique & l'existence morale : la premiere est la même pour tous les hommes, & consiste dans la faculté physique de jouir de la vie.

La seconde consiste dans le bon ou le mauvais usage qu'on fait de la premiere, & par conséquent ne peut être la même pour tous, puisqu'elle est bonne chez les uns, & mauvaise chez les autres : nous appellons vertueux, ceux en qui elle est bonne, & vicieux, ceux en qui elle est mauvaise.

Quoique l'existence morale soit distincte & séparée de l'existence physique, elle en est cependant inséparable, & lui est toujours subordonnée, parce qu'elle lui doit son origine, & ne peut se perpétuer que par elle.

Nous tenons toujours à notre existence physique, & nous la préférons à celle des autres. Il n'en eſt pas de même de l'exiſtence morale; nous ne l'eſtimons & ne la chériſſons qu'autant qu'elle eſt bonne: quand elle eſt mauvaiſe, nous ſommes forcés, malgré nous, de la mépriſer, de la haïr, & de lui préférer celle des gens de bien.

Si le moral pouvoit influer ſur l'amour, comme vous le prétendez, ou l'amour agir ſur le moral, on ne le verroit jamais unir une bonne exiſtence morale avec une mauvaiſe; ou quand il opéreroit cette alliance, ſes impreſſions corrigeroit l'antipathie naturelle qui les diviſe; & par les liens harmoniques de cette paſſion, la vertu pourroit ſympathiſer avec le vice.

Mais l'eſſence de l'amour étant purement phyſique, & l'exiſtence physique étant la même pour tous ; il ne peut agir que sur cette derniere ; de sorte que lorsqu'il en opere la réunion, l'existence morale ne pouvant point en être séparée, entre, telle qu'elle est, dans cette modification ; & comme elle n'est point soumise à l'action de l'amour, lorsqu'elle se trouve incohérente, elle reste dans cet état que l'amour ne peut ni corriger ni prévenir, tandis que les deux existences physiques sont parfaitement adhérentes.

Ne trouvez donc pas extraordinaire que l'amour puisse s'allier avec le mépris ; car, comme il nous arrive quelquefois de nous accuser nous-mêmes & de nous mépriser, lorsque par des bassesses nous avons perdu notre propre estime, sans que pour cela nous puissions cesser de nous aimer & de tenir à nous ; nous exerçons la même justice envers l'objet de notre passion; nous l'accusons, nous le condamnons & nous le chérissons. Voilà de quelle maniere on peut expliquer ces attachemens qui, par leurs effets, ressemblent à la haine.

Pour vivre en paix avec soi-même, il faut être content de soi, n'avoir rien à se reprocher, ou être abusé par les sophismes de l'amour-propre, sans quoi l'on est dans un état continuel de guerre : on s'évite, on se fuit, & l'on se retrouve toujours, parce que notre existence physique & notre existence morale ne pouvant point être séparées, aucune fraction ne peut retrancher celle qui nous déplaît de celle qui nous flatte. Il en est de même de l'existence composée que nous donne l'amour :

quand le moral de l'individu qu'il identifie avec nous, nous plaît, ce n'eſt point l'amour qui en eſt la cauſe; c'eſt parce qu'il eſt effectivement bon, ou que l'amour-propre nous le fait trouver tel; lorſqu'il nous déplaît, c'eſt parce qu'il eſt réellement mauvais; & quoiqu'il nous repouſſe, nous y tenons toujours, parce que le lien phyſique de l'amour eſt plus fort que l'antipathie morale; elle ne peut détruire le premier; il faut que ce ſoit la nature qui le briſe, ou que, ſemblables au criminel qui ne peut s'affranchir de ſes remords qu'en s'arrachant la vie, nous le briſions nous-mêmes par une abſence forcée.

Ainſi l'amour eſt le même dans les méchans & dans les gens de bien; mais le moral des premiers étant mauvais, & l'amour ne pouvant influer ſur ce moral, la répugnance morale doit néceſſairement empoiſonner les plaiſirs de l'intelligence phyſique ; & par cela même qu'ils étoient malheureux avant d'aimer, ils doivent l'être davantage lorſqu'ils aiment.

Si le méchant pouvoit être autre choſe que ce qu'il eſt, il voudroit être homme de bien (1). D'après cette opinion, dont la vérité ne ſauroit cependant être garantie, il n'eſt pas ſurprenant que l'homme le plus vicieux deſire une Maîtreſſe eſtimable. Forcé de haïr, il voudroit pouvoir ſe chérir dans un autre lui-même. Cette vertu qui lui deviendroit perſonnelle, tempéreroit l'activité de ſes remords ; il la deſire

---

(1) Rouſſeau.

comme un lieu de franchiſe, comme un ſaint refuge dans lequel il puiſſe ſe mettre à l'abri de leur pourſuite ; & rien ne prouve autant l'immoralité de l'amour, que l'inefficacité de ce deſir : car ſi l'amour ne dépendoit pas abſolument d'une cauſe phyſique, ſi le moral pouvoit y entrer pour quelque choſe, ce deſir détermineroit toujours le choix du vicieux ; jamais il ne s'attacheroit à un être dont les mœurs fuſſent auſſi dépravées que les ſiennes, parce qu'il ne voudroit point ajouter volontairement à ſon malheur. Ce ne ſeroit qu'en préſence de la vertu qu'il éprouveroit les ſymptômes de la paſſion, & il n'aimeroit qu'autant que cette qualité ſe trouveroit dans l'objet de ſon amour.

Cependant l'expérience journaliere

prouve assez que ce plaisir d'aimer un être vertueux, ne lui donne pas la faculté de l'accomplir, qu'il peut fort bien rencontrer l'objet qu'il desire, le reconnoître, & se passionner pour un être méprisable : il est donc impossible en amour de ne pas faire abstraction du vice & de la vertu, de ne pas les regarder comme étrangers à une passion qui leur est étrangere : enfin, de ne pas convenir qu'elle est purement physique, puisque les causes morales qui sembleroient devoir agir sur elle, ne peuvent y avoir aucune influence.

Le vice & la vertu sont les deux grandes sources du bonheur & du malheur des hommes. Quand l'amour rapproche le physique de deux existences isolées, pour en former une propriété commune aux deux individus à qui elles appartiennent, leurs vices ou leurs vertus entrent dans cette communauté ſans ſa participation; les uns, pour l'empoiſonner; les autres, pour l'embellir.

Auſſi quand on veut peindre l'amour heureux, ce n'eſt pas des ſociétés dépravées qu'on emprunte ſes couleurs; on eſt forcé de ſe tranſporter à ce tems fabuleux de l'innocence, ſi célebre ſous le nom de l'âge d'or; ou ſi nous voulons que la vérité préſide à nos compoſitions, nous le peignons dans un réduit champêtre, ſous le chaume ruſtique du villageois, où la pureté des mœurs ſemble avoir fixé ſon dernier aſyle.

Ce n'eſt pas qu'il ne ſoit le même par-tout; la maſſe de corruption qui déshonore nos cités, ne l'en exclut point: cette erreur ne provient que de ce qu'on veut abſolument qu'il ſoit le Dieu du bonheur ; & ne lui trouvant point ce caractere à la ville, on en conclut fauſſement qu'il la quitte pour le village : c'eſt un caprice & un attribut qu'on lui prête bien gratuitement.

L'amour n'eſt le Dieu ni du bonheur ni du malheur : ſi les villageois ſont heureux, ce n'eſt pas à lui qu'ils le doivent ; il les trouve tels, parce qu'ils ont des mœurs pures ; en doublant leur exiſtence, il ne fait qu'accroître en eux la faculté de jouir du bonheur qu'ils poſſédent : ſon opération eſt la même ſur les habitans des villes ; mais parce qu'il les trouve malheureux par leurs vices, elle doit néceſſairement produire un effet contraire.

Qu'on ne s'obſtine donc plus à

chercher quelque moralité dans l'amour, puifque les effets moraux qui femblent être fon ouvrage, ne font pas de lui ; s'il étoit l'enfant de la féduction, comme on le fuppofe, ce ne feroient fans doute ni les attraits de la figure, ni les graces, ni l'efprit, beautés arbitraires, foumifes à l'empire de la mode, & à la différence des opinions, qui le captiveroient : la vertu, beauté réelle, obtiendroit exclufivement fon hommage. Cependant, combien de fois le chafte lit d'une vertueufe époufe, n'eft-il pas abandonné pour la couche impure d'une Laïs ? Combien de fois l'amour ne renouvelle-t-il pas le fupplice de Mezence, en forçant la vertu même à partager l'exiftence du vice ? Comment expliquer la fituation forcée de ces deux contraires moraux, ſi ce n'eſt par l'identification du phyſique auquel ils ſe trouvent ſubordonnés ? Concluons donc que les préférences de l'amour ne peuvent être fondées que ſur une cauſe phyſique ; & juſqu'à ce qu'on en donne une explication plus ſatiſfaiſante, tenons-nous-en à celle du magnétiſme.

Je ſuis, &c.

LETTRE

LETTRE VII.

Enfin, Madame, vous voulez absolument que l'amour se fonde sur l'estime, & que les méchans n'aiment point; il me semble que dans ma derniere Lettre j'ai eu l'honneur de répondre à toutes les objections que vous pouviez me faire à ce sujet.

L'amour ne se fonde point sur l'estime : vous avez beau dire que les assiduités d'un mari près d'une courtisane, ne font pas qu'en secret il ne lui préfére son épouse ; ce fait tend directement à prouver le contraire de ce que vous voulez établir : c'est comme si vous disiez qu'il estime sa femme sans l'aimer, & qu'il aime la courtisane sans l'estimer.

L'eſtime eſt un tribut forcé que le vice même ne peut refuſer à la vertu; mais parce que le méchant eſt forcé d'accorder cette préférence à l'homme vertueux, ſur lui-même, faudra-t-il en conclure qu'il tient plus à l'individu de l'homme vertueux, qu'au ſien, qu'il le chérit davantage? Vous ſentez combien cette propoſition ſeroit inſoutenable.

Les mêmes loix phyſiques qui forcent le méchant à s'aimer excluſivement à l'homme de bien, quoiqu'il le préfere à ſoi-même, contraignent l'amant d'un être mépriſable & reconnu pour tel, à le chérir excluſivement à l'être vertueux; ce qui n'arriveroit pas ſans doute, ſi l'amour n'étoit qu'un lien moral ou métaphyſique.

Quand on dit que les méchans

n'aiment point, que le véritable amour eſt le partage de la vertu, l'on ne s'abuſe pas moins que ſi l'on diſoit, que la nature accorde la vie à l'homme vertueux, & qu'elle la refuſe au méchant : la félicité pure, qui toujours accompagne celle du premier, l'infortune qui s'attache à l'autre, n'empêche point que cette faculté ne leur ſoit commune ; par cela même que la nature la leur accorde indiſtinctement, elle leur accorde auſſi l'amour, qui peut être regardé comme une ſeconde vie, comme un ſupplément, ou enfin comme une modification de la premiere.

Notre erreur ne provient que de ce que nous prenons les réſultats de l'amour, pour l'amour même ; le ſurcroît de bonheur que nous en voyons résulter pour les gens de bien, nous porte à leur en attribuer la possession exclusive, & à le méconnoître dans les méchans, en qui presque toujours il produit un effet contraire.

Cependant il n'en est pas moins le même chez les uns & chez les autres; comme ce n'est point dans la faculté physique de la vie qu'il faut chercher la différence de leur maniere d'être morale; ce n'est pas non plus dans l'amour qu'il faut chercher le principe des modifications qui surviennent dans cette maniere d'être, qui lui est absolument étrangere.

L'homme de bien est heureux sans l'amour; l'amour, en ajoutant à la somme de sa vie, ne fait qu'augmenter en lui la faculté de jouir du bonheur : si l'existence qui se trouve amalgamée à la sienne, appartient à un être également vertueux, son bonheur s'accroît de cette nouvelle acquisition ; ce surcroît de vie & ce surcroît de vertu le placent dans la meilleure condition possible ; & si la suprême félicité pouvoit habiter sur la terre, ce couple, ainsi réuni, la posséderoit.

Mais quand l'homme heureux de sa vertu, reçoit, par le bénéfice de l'amour, une vie étrangere qui s'identifie à la sienne, & que cette vie appartient à un objet vicieux, cet objet ne faisant plus qu'un avec lui, ses vices lui deviennent personnels ; il perd le droit de s'estimer, source de sa félicité premiere ; il est forcé de rougir à ses propres yeux, il éprouve des remords, il se chérit &

ſe hait en même tems dans cet autre lui-même; enfin, quoique vertueux il ſubit la peine du vice.

Il eſt bien aiſé d'appercevoir que dans tout cela, l'amour n'a qu'une influence purement phyſique, & que la cauſe des effets moraux réſide dans l'uſage moral que les individus réunis ont déja fait & font de la vie.

Maintenant il vous ſera facile de concevoir pourquoi l'on ſe plaint tant de l'amour à la ville, & pourquoi l'on s'en félicite à la campagne; quoiqu'il ſoit le même par-tout, & qu'il ne mérite ni les ſatires des uns, ni les remercîmens des autres.

Toutes ſes opérations ſe réduiſant à marier phyſiquement le phyſique de deux exiſtences individuelles, ſes attentions ne peuvent ſe porter que ſur la convenance phyſique, & nullement ſur la convenance morale.

Or, il ne peut y avoir de parfaite convenance morale qu'entre deux êtres vertueux ; car, quoique le méchant tienne à ſon exiſtence phyſique, & la chériſſe excluſivement à toute autre ; ſi, malgré cet amour pour lui-même, il ne peut s'empêcher de mépriſer & de haïr ſon exiſtence morale ; à plus forte raiſon doit-il mépriſer & déteſter celle qu'il trouve dans un être qui lui reſſemble par ſes vices : de maniere que l'amour ne pouvant opérer entr'eux que l'accord du phyſique, ils ne peuvent qu'être malheureux ſous ſes loix, par la diſconvenance du moral.

Les bons, au contraire, eſtimant & chériſſant leur exiſtence morale, en ce qu'elle eſt conforme aux intentions de la nature, doivent par la même raiſon eſtimer & chérir la même qualité dans les autres : ſi par l'effet du haſard elle ſe trouve dans l'individu que l'amour leur aſſocie, le phyſique & le moral étant dans une convenance parfaite, ils doivent néceſſairement goûter dans cette union, tout le bonheur dont l'homme eſt ſuſceptible, parce qu'ils réuniſſent toute l'extenſion de vie que la nature peut accorder au meilleur uſage qu'on puiſſe faire de cette même vie.

Si l'un des deux eſt vicieux, leur partage n'eſt point le même ; la diſconvenance n'exiſte que pour l'individu vertueux, parce qu'il acquiert une exiſtence morale vicieuſe, par conſéquent digne de mépris & de haine : plus il chériſſoit la ſienne

quand

quand il la possédoit seul, plus il la trouve dépravée par cet affreux mêlange ; tandis que l'être vicieux, par la raison contraire, doit éprouver un effet tout différent.

Si quelquefois l'homme vertueux n'a pas ces dégoûts, quand il chérit un être méprisable, ce n'est que par une erreur de l'amour-propre, dont la vertu ne garantit pas toujours ; il seroit absurde de l'imputer à l'amour, puisque si ce dernier la produisoit, elle marcheroit toujours à sa suite ; on ne verroit jamais de disconvenance morale sous son empire, & vous sentez combien la vérité réclameroit contre une pareille assertion.

D'après cette explication, appuyée sur des faits confirmés par l'expérience, il est impossible de donner aucun pouvoir à l'amour sur le moral, ni d'attribuer au moral aucune influence ſur l'amour ; s'ils pouvoient avoir quelque choſe de commun entr'eux, la diſconvenance du moral empêcheroit l'union phyſique, ou l'union phyſique produiroit l'accord moral.

Je ſuis, &c.

LETTRE VIII.

Si l'amour eſt indépendant de nous, s'il agit ſur nous ſans que nous puiſſions agir ſur lui, pourquoi donc érige-t-on en principes l'art de ſéduire? Pourquoi tant d'agréables désœuvrés ſont-ils en poſſeſſion d'alarmer les maris & les peres de famille ? Leurs triomphes ne dépoſent-ils pas contre le ſyſtême que vous prétendez établir ?

Non, Madame, tout cela ne prouve rien, abſolument rien. Si l'on attribue quelque pouvoir ſur l'amour, à ces ſéducteurs de profeſſion, ce n'eſt encore que parce qu'on en juge ſur l'apparence : leurs prétentions ne ſe fondent que ſur l'attrait du plaiſir & ſur l'amour-propre; ils ſavent qu'il eſt le même par-tout, & qu'ils le retrouveront à coup ſûr dans l'objet qu'ils ſe propoſent de ſéduire : d'après cette certitude, ils dreſſent un formulaire de conduite, qui par l'uſage devient routine, & que le ſot peut employer avec autant d'efficacité que l'homme d'eſprit.

Ce protocole ne peut avoir & n'a d'autre but que de ſubjuguer l'amour-propre, & de lui faire produire, par l'attrait du plaiſir, les effets qui caractériſent l'amour. Pour y mieux réuſſir, on emprunte le maſque de ce dernier; on ſe dit fortement épris, afin que l'amour-propre ne ſe doute pas que c'eſt à lui qu'on en veut, & par ce moyen on accélere encore ſa défaite, en lui ménageant la reſſource de l'attribuer à l'amour auquel on ne réſiſte point.

Aussi toute la science du séducteur se réduit-elle à caresser fortement cet amour-propre dont il veut se rendre le maître : ce sont des éloges éternels de la beauté, des graces, de l'esprit, des goûts particuliers, de l'objet dans lequel il réside : si cet objet est dévot, on le suit au temple, on assiste à ses prieres, on fait des aumônes, on médit saintement du prochain ; s'il ne l'est pas, on traite la dévotion de bégueulerie ; enfin, dans les manieres, dans les discours, dans la façon de se mettre, dans tout, on tâche d'adopter ce qui plait, & d'éviter ce qui choque.

Par cette abnégation entiere de soi-même, par cette soumission apparente à l'amour-propre qu'on veut séduire, on parvient à le soumettre au sien ; l'attrait du plaisir achеve le reſte ; & l'on met ſur le compte de l'amour, une intrigue dans laquelle on n'a fait qu'uſurper ſes bienfaits & profaner ſon nom.

Si les victimes de cette eſpece de tricherie vouloient bien rendre compte de toutes les ſenſations qu'elles ont éprouvées, on verroit preſque toujours que l'amour eſt innocent de leur défaite ; qu'elles n'ont jamais eu pour celui qui s'en glorifie, l'intérêt diſtinctif qui caractériſe cette paſſion ; ou ſi quelquefois il y préſide, ce n'eſt point à la ſéduction qu'il faut l'attribuer. Il en eſt de cela comme des maladies ; le Médecin a toujours l'air de les guérir, parce qu'il ſoigne le malade ; mais on ſait que le plus ſouvent c'eſt la nature.

En effet, quoique le ſéducteur n'aime point, il eſt forcé d'agir comme s'il aimoit, par conſéquent de prodiguer ſa préſence, & d'employer les regards hypocrites. La nature peut quelquefois profiter de cette occaſion pour l'accompliſſement de ſes vues; mais on ſent combien ſes opérations ſont indépendantes de la conduite morale du ſéducteur.

Toutes ces intrigues d'amour-propre, que la diſſolution & l'oiſiveté ſe font un jeu de multiplier dans nos villes, ſont encore une des raiſons pour leſquelles on ne ceſſe d'y calomnier l'amour: cette fauſſe monnoie, qu'on y voit circuler avec tant d'abondance, n'ayant preſque pas de cours dans nos campagnes, on en conclut que ce n'eſt qu'aux champs qu'on ſait aimer.

Mais ſi l'amour ſuppoſoit quelque ſcience, les Citadins, à cet égard, ne devroient-ils pas être regardés comme plus ſavans que les Villageois? Excepté dans nos Opéra comiques, ces derniers ont-ils l'art de faire de l'amour avec de l'eſprit, de le compoſer artificiellement ſans l'aveu de la nature, en l'extrayant de leur amour-propre?

Au lieu de faire une cour empreſſée, au lieu de ſe paſſionner, quoique indifférens, ils attendent bêtement les ſenſations de l'amour pour en parler; alors ils diſent à leurs Maîtreſſes qu'ils les aiment, ſans quelquefois ſonger à leur dire qu'elles ſont belles...... Oh! la pauvre eſpece! Et de quoi ſe nourrit l'amour-propre chez ces bonnes gens? Comment une femme peut-elle vivre dans cette indigence de complimens, de déclarations galantes, de petits ſoins ingénieux ? N'eſt-ce pas tout cela qui conſtitue le véritable amour, qui le fait naître, qui le ſoutient & qui le perpétue ?

Convenez, Madame, que vous vous abuſez, lorſque vous dites que ce n'eſt qu'au village qu'on aime, & qu'après avoir mûrement réfléchi, vous ſerez forcée d'adopter la maxime contraire, ſur-tout ſi vous êtes conſéquente à vos principes.

Je ſuis, &c.

LETTRE IX.

MA derniere Lettre vous a paru trop abrégée ; vous m'accuſez d'y gliſſer à côté des difficultés ; vous voulez abſolument que je revienne ſur le même ſujet, & que j'approfondiſſe davantage mes idées : en exigeant cela de moi, vous oubliez ſans doute combien la foibleſſe de mes talens s'oppoſe au deſir que j'aurois de vous ſatisfaire. Quoi qu'il en ſoit, je vais tâcher de le remplir du mieux qu'il me ſera poſſible ; & puiſque vous voulez bien vous accommoder de mon ſtyle diſſertateur, je ne craindrai point de l'employer encore à vous expliquer ce que j'entends par les paſſions d'amour-propre.

L'exiſtence morale n'étant autre choſe que l'uſage moral que nous faiſons de l'exiſtence phyſique, la derniere n'exiſte que pour nous, tandis que la premiere exiſte pour nous & pour les autres.

De cette double relation de l'exiſtence morale réſultent deux effets dans les bons comme dans les méchans; elle produit l'eſtime de ſoi dans les gens vertueux, par la conſcience qu'ils ont que leur exiſtence morale eſt ſaine & conforme aux vues de la nature; elle y produit encore l'amour-propre, par le cas qu'ils préſument que les autres en font, ou qu'ils deſirent qu'ils en faſſent.

Plus ils ſont vertueux, plus chez eux le premier de ces deux ſentimens l'emporte ſur l'autre, tant parce qu'il en eſt plus ferme & plus ſolide, que parce qu'étant relatif à eux-mêmes, il les touche de plus près, & leur eſt en quelque façon plus perſonnel que le ſecond; & dans la néceſſité de ſacrifier l'un ou l'autre de ces deux ſentimens, s'ils ſont réellement vertueux, ils ne balancent point.

Quant aux méchans, cette double relation produit en eux le mépris de ſoi, par le témoignage intime que leur exiſtence morale eſt contraire aux vues de la nature; mais elle y produit auſſi l'amour-propre par l'erreur dans laquelle ils préſument que les autres ſont à leur égard, ou dans laquelle ils deſirent qu'ils ſoient.

Ceux qui ne ſont ni bons ni méchans, n'ayant pas de raiſon pour s'eſtimer infiniment, ni pour ſe mépriſer non plus, ſont par cela même doués d'un amour-propre plus excessif, parce qu'il n'est balancé par rien, & que, s'ils le perdoient, ils perdroient tout le produit de leur existence morale.

Il est donc évident que l'amour-propre doit se trouver par-tout, & qu'étant le produit ou le résultat de l'emploi de la vie physique, il ne peut finir qu'avec elle.

D'après la connoissance de l'origine de cette passion, il est aisé de concevoir que, renfermée dans le moral, elle ne peut avoir aucune influence sur le physique, mais qu'elle doit agir fortement sur le moral, & que le moral doit agir fortement sur elle ; on voit encore qu'au lieu d'être expansive, elle est la plus égoïste de toutes les passions, puisqu'elle rapporte tout à celui qui la recélée.

Cette inſatiable cupidité qui la caractériſe, marque le choix des moyens dont on ſe ſert pour la ſéduire, & l'aveugle ſur ſes propres dangers: on ſait qu'en lui prodiguant tout ce qu'elle deſire, en feignant d'applaudir à toutes ſes prétentions, de les favoriſer, de les étendre, de lui en donner de nouvelles, de ſe rendre caution de leur juſtice & de leurs ſuccès, on ne peut que lui devenir infiniment précieux: on ſait ſur-tout que ce qu'elle deſire le plus eſt le ſacrifice d'un amour-propre étranger; & quelque peu vraiſemblable qu'il doive paroître, on le lui fait en apparence; elle eſt flattée de cette fauſſe acquiſition, qu'elle chérit autant que ſi elle étoit réelle; il n'eſt rien qu'elle ne faſſe pour la conſerver, & pour empêcher que le vrai propriétaire ne la retire: quoique avare, elle ſe met en dépenſe, & fait des ſacrifices pour n'être pas forcée à rendre un bien imaginaire qu'elle ne poſſédera jamais. C'eſt ſelon qu'elle eſt plus ou moins ſuſceptible de cette eſpece d'aveuglement, que conçoivent plus ou moins d'eſpoir les flatteurs auprès des grands, & les ſéducteurs auprès des femmes; les uns veulent obtenir de l'argent, des graces, des penſions; les autres des faveurs: ils y réuſſiſſent également & par les mêmes moyens.

Mais le ſéducteur a bien plus de reſſources, & doit produire de plus grands effets. Dans les femmes, l'uſage moral de l'exiſtence phyſique ſe réduiſant preſqu'entiérement à plaire, on ſent combien leur amour-propre doit être jaloux de cette prérogative ; combien elles doivent être charmées d'apprendre qu'elles rempliſſent leur deſtination, & tout l'avantage que peut en tirer celui qui s'en dit le garant & la victime.

L'abus de l'exagération n'étant pas à craindre, il la pouſſe à l'excès, ſe proſterne, & va juſqu'à l'adoration; il ſemble renoncer entiérement à lui-même, ne vivre, ne reſpirer que pour admirer tant de charmes : l'amour-propre qu'il veut abuſer par ces démonſtrations extérieures, eſt preſque toujours aſſez bête pour donner dans le piége ; il ſe rengorge intérieurement, s'enfle, s'agrandit; & lorſqu'il croit être bien ſûr de tenir cet autre amour-propre, qui n'a fait tant de ſoumiſſions apparentes, que pour l'amener à ce point d'aveuglement, il commence à ſe relâcher

de

de ses prétentions, à faire des sacrifices en faveur de ce prétendu captif, pour le décider à rester dans sa chaîne. Quelque légers que soient ces premiers sacrifices, ils éclairent le séducteur sur ses progrès : plus on lui en accorde, plus il devient exigeant ; & plus on se trouve dans l'impossibilité de refuser, parce qu'on court toujours après ses avances : alors s'établit cette intrigue qu'on peut regarder comme une petite guerre entre deux amours-propres, où chaque parti met en œuvre toutes les ressources imaginables pour l'emporter sur l'autre.

Comme tout cela se fait au nom de l'amour, les desirs, les craintes, les jalousies que l'on éprouve, passent pour les symptômes réels de cette passion. Le séducteur menace de retirer son amour-propre, s'il n'obtient les faveurs que le masque dont il se sert l'autorise à réclamer : il en coûte si peu pour conserver cette prétendue conquête, & sa perte seroit si désolante, que si l'on balance, on ne balance pas long-tems ; l'amour qu'on met de la partie, quoiqu'il en soit bien loin, justifie intérieurement ; on se figure qu'on ne fait qu'obéir à ses décrets, & l'on se rend en toute sûreté de conscience.

Mais on ne tarde pas à voir que tout ce qu'on a fait pour conserver un bien, auquel on attachoit un si grand prix, n'a servi qu'à prolonger l'erreur : plus on reconnoît en avoir été la dupe, plus on est au désespoir de l'avoir perdue ; on éprouve des tourmens affreux dont l'amour est bien innocent, & que cependant on ose imputer à l'amour : enfin, tout semble manifester les caracteres de cette passion, tandis qu'elle n'existe point; & l'on parvient à faire partager aux autres une erreur dont on est soi-même la victime.

Cependant, quoique l'amour-propre puisse produire, & produise en effet plusieurs des symptômes qui caractérisent l'amour, en se rendant un fidele compte de ce qui se passe au dedans de soi, l'on peut reconnoître si l'on aime véritablement.

L'amour-propre n'étant fondé que sur le moral, ne sauroit produire une identification physique : de maniere que quand on n'aime que par amour-propre, on ne peut voir un autre soi-même dans l'objet de son amour; sa présence nous cause un plaisir auquel nous sommes très-ſenſibles ; mais nous ne partageons point celui qui doit lui cauſer la nôtre : les peines de l'abſence nous affligent ; mais nous ſongeons bien moins à celles qu'il doit éprouver, qu'à celles que nous ſouffrons nous-mêmes. Les ſacrifices coûtent ; quelque grands & quelque généreux qu'on les ſuppoſe, on ne les fait que par rapport à ſoi : quoique les vertus de l'objet aimé nous plaiſent, elles ne nous donnent point cette ſatisfaction intérieure qui fait leur récompenſe ; ſes vices nè nous révoltent point comme s'ils nous étoient perſonnels ; nous ne ſentons point les remords des crimes qu'il a commis : ſi nous l'obligeons, c'eſt bien moins pour le plaiſir de l'obliger, que pour acquérir des droits à ſa reconnoiſſance. La jalouſie eſt ordinairement plus aƈtive que dans l'amour même ; & ſi l'on en cache les atteintes, c'eſt moins dans la crainte d'affliger que de rebuter : les menaces de l'infidélité nous effraient bien plus, que les proteſtations de la perſévérance ne nous charment.

Au reſte, nous ne ſommes pas autrement ſcrupuleux obſervateurs de la foi promiſe ; mais nous ſerions déſeſpérés qu'on ne le fût pas envers nous. Ce qui nous paroît le plus affligeant dans la rupture, n'eſt point la rupture même, c'eſt le malheur d'être prévenus, & nous tâchons de nous en aſſurer l'honneur.

Ne ſoyez pas ſurpriſe ſi je vous dis que ces paſſions, qu'il eſt ſi facile de confondre avec l'amour, laiſſent un plus grand vuide après elles que l'amour même ; car, dans l'amour, la diſpoſition phyſique s'éteint avec lui ; tandis que, dans les autres, la diſpoſition morale exiſte toujours. Comme il eſt en notre pouvoir de les renouveller ſans la participation de la nature, parce qu'elles dépendent de nous, & que l'habitude nous les rend néceſſaires, nous les renouvellons à notre commandement : plus nous les réitérons, plus leur acquiſition devient facile ; par cela même que nous avons été trompés, il eſt plus aiſé de nous ſéduire : l'expérience ne nous corrige point, ſoit que nous cherchions à prendre notre revanche, ſoit que nous nous perſuadions qu'à force de pourſuivre le phantôme de l'amour, nous parviendrons à trouver la réalité.

Ainſi l'on peut paſſer toute ſa vie dans les peines réelles, ou les faux plaiſirs que procure cette paſſion artificielle, & maudire l'amour ſans avoir jamais rien eu de commun avec lui; plus on a fait de rechutes, plus on doit préſumer qu'il ne les a point opérées.

Maintenant, Madame, il vous ſera très-aiſé de concevoir pourquoi les femmes vertueuſes ſont moins ſuſceptibles d'éprouver ces ſortes de paſſions; leur vertu leur donnant le droit de s'eſtimer, & ce ſentiment, comme je l'ai déja dit, étant ſupérieur à l'amour-propre, parce qu'il eſt relatif à nous-mêmes & nous touche de plus près; chez elles l'amour-propre doit être moins fort, moins actif, moins facile à ſe paſſionner, & par conſéquent donner moins de priſe à la ſéduction.

Si elles pouvoient s'en dépouiller

entiérement, aucune des ressources morales du séducteur ne pourroit influer sur elles : jamais elles ne s'abuseroient sur la nature de leurs sentimens ; elles ne seroient susceptibles que du véritable amour, & ne l'éprouveroient que par la cause physique à laquelle il doit son existence.

Mais comme il leur est impossible d'étouffer le germe de l'amour-propre, quelque foible qu'il soit en elles, un séducteur adroit trouve le moyen de le vivifier & d'en obtenir les effets qu'il desire.

Elles ne peuvent retarder ses progrès qu'en leur opposant continuellement l'activité supérieure de l'estime d'elles-mêmes : loin de combattre un ennemi si redoutable, le séducteur ne cesse de le flatter, afin de le rendre

moin

moins vigilant ; à force de tems & de ſoins il parvient effectivement à l'endormir, & l'étouffe pendant ſon ſommeil.

Voilà pourquoi l'entrée du temple n'eſt difficile que la premiere fois ; on y pénétre enſuite quand on veut, parce que le défenſeur n'exiſte plus.

Mais une femme vertueuſe ne perd cette eſtime d'elle-même dans une premiere foibleſſe, que quand elle l'accorde à ſon amour-propre, parce qu'elle abuſe moralement de ſon exiſtence phyſique. Il n'en eſt pas de même lorſque cette premiere foibleſſe eſt le fruit du véritable amour ; dans ce dernier cas, l'uſage moral qu'elle fait de ſon exiſtence phyſique, eſt conforme aux loix de la nature, par conſéquent elle ne peut être avilie à ſes propres yeux : c'eſt même une marque ſûre à laquelle on peut reconnoître ſi l'on aime véritablement ; car dans les paſſions d'amour-propre, quelque ſoin qu'on prenne de s'abuſer & de les imputer à l'amour, comme il n'en eſt point complice, il ne peut nous juſtifier.

Si la femme vertueuſe, qui n'a fait que céder à l'amour, ſent quelquefois diminuer l'eſtime d'elle-même après une premiere foibleſſe, ce n'eſt pas dans cette foibleſſe même qu'il faut en chercher le principe ; c'eſt parce que l'amour-propre lui perſuade que les autres ſont dans l'erreur à ſon égard ; & que, quoique l'uſage moral qu'elle a fait de ſa vie, ſoit bon relativement à elle, il eſt mauvais relativement aux autres : il ſe plaint amérement de ſon humiliation ; ſes plaintes lui donnent une force qu'il n'avoit pas ; & telle eſt la condition reſpective de l'amour-propre & de l'eſtime de ſoi-même, que tout ce que l'un acquiert, eſt au détriment de l'autre.

On n'attribue cet effet à une premiere foibleſſe dans les femmes, ſans nulle exception, que parce qu'on veut que toute leur vertu réſide dans la chaſteté, & que par conſéquent elles ne puiſſent la perdre ſans ceſſer de s'eſtimer : mais c'eſt dans les autres vertus morales qu'il faut chercher le principe de l'eſtime de ſoi-même ; toute femme qui ne les poſſéde point, quoiqu'elle ſoit chaſte, ne s'eſtime pas ; on peut même dire qu'elle n'eſt pas chaſte, car la chaſteté n'étant fondée que ſur la réſiſtance qu'on oppoſe à la ſéduction, & cette réſiſtance ne provenant que de l'eſtime de soi-même, celle qui par des vices moraux a perdu le droit de s'estimer, ne peut opposer cette résistance, & par conséquent n'est point chaste.

Celle au contraire à qui l'amour a ravi sa chasteté, mais qui d'ailleurs posséde les vertus morales qui produisent l'estime de soi, peut opposer toujours la même résistance à la séduction, si toutefois l'amour-propre ne produit point en elle l'effet dont j'ai déja parlé, & par conséquent être regardée comme chaste, quoiqu'elle ait connu l'amour & ses bienfaits.

Cette vertu n'est donc si prisée chez les femmes, que parce qu'elle suppose toutes les autres vertus morales : leur réunion produit l'estime personnelle, & l'estime personnelle produit la chasteté.

Mais elle ne peut être regardée comme vertu, que quand on l'emploie à résister à ce simulacre de l'amour, qui est un abus moral de l'existence physique; elle n'est point d'institution sociale dans ce sens là, mais d'institution naturelle, parce que les passions d'amour-propre n'étant point dans les vues de la nature, la force morale qui tend à résister au vice moral qui les produit, est conforme à ses loix.

Voilà, Madame, quelles sont mes idées relativement à la séduction & aux effets qu'elle peut produire: vous devez sentir le peu de solidité de l'objection que vous prétendiez en tirer contre mon systême; vous devez voir que l'amour reste toujours dans son indépendance physique,

& que le moral ne peut agir que ſur le moral.

C'eſt pour n'avoir pas connu ce principe, c'eſt pour avoir confondu des effets, que malheureuſement il n'eſt que trop aiſé de confondre, qu'on a cru devoir leur aſſigner la même cauſe, & ſe permettre de ſcinder les opérations de la nature, pour établir cette diſtinction du phyſique & du moral de l'amour, à laquelle vous étiez ſi fort attachée. Je vous ai dit, dans ma premiere lettre, qu'elle ne pouvoit ſoutenir l'examen rigoureux des principes dont elle eſt la conſéquence : cet examen que je viens de faire avec vous, doit vous prouver que je ne m'abuſois point.

Peut-être commencerez-vous à

croire que, quoique le Sauvage n'ait point l'art de provoquer des passions factices, & de les renforcer pour son malheur, il n'en est pas moins susceptible de connoître le véritable amour, & de s'attacher à un individu préférablement à un autre.

Peut-être, au lieu de chercher dans la société l'origine du plus doux de tous les liens, serez-vous forcée de reconnoître que cette même société lui doit la sienne; & que, sans doute, la premiere démocratie qu'on vit sur la terre, fut composée de deux individus, dont l'amour fut le suprême législateur. Sa puissance fécondatrice l'accrut bientôt d'un troisieme, & de plusieurs autres qui vécurent ainsi réunis sous ses loix. Telle est la base du systême social; il faut absolument en chercher les principes dans la nature, & non pas dans des causes politiques, qui sont notre ouvrage, & qu'elle n'adopte qu'autant qu'elles se conforment à ses intentions.

Mais j'abuse de la permission que vous voulez bien me donner de vous écrire ; il est tems de mettre des bornes à cette lettre. C'est peut-être une chose dont je m'avise un peu tard ; permettez-moi cependant de vous l'envoyer telle qu'elle est, & veuillez me pardonner de l'avoir prolongée. Je ne l'ai fait que dans l'intention de vous plaire, & de dissiper entiérement les doutes que pouvoient laisser dans votre esprit, celles que précédemment j'avois eu l'honneur de vous adresser.

Je suis, &c.

LETTRE X.

SI l'amour eſt le même par-tout, pourquoi ſe plaint-on journellement de ſa décadence dans nos villes? Pourquoi n'y voit-on plus ces paſſions éternelles du bon vieux tems? Peut-on attribuer ce changement à une cauſe phyſique? Votre prétendu fluide n'eſt-il plus le même? Sommes-nous moins *vivans* que ne l'étoient nos peres?

Non, Madame, ce n'eſt rien de tout cela. S'il eſt vrai que ces paſſions ſoient moins énergiques & moins durables qu'autrefois, ce n'eſt pas, comme l'a dit très-peu galamment un de nos Moraliſtes, parce que les femmes n'en valent pas la peine:

l'eſtime ou le mépris que cette moitié du genre humain pourroit avoir pour nous , & que nous pourrions avoir pour elle , ne changeroit rien aux loix de la nature. Je crois avoir aſſez prouvé que l'amour eſt indépendant de ces deux ſentimens.

Ce n'eſt pas non plus que le fluide qui conſtitue notre vie, & par conſéquent l'amour , ait ſubi quelque altération, & que nous ſoyions moins *vivans* que ne l'étoient nos peres. Il faut en chercher la cauſe phyſique dans le refus obſtiné des faveurs que les femmes de l'ancien tems mettoient dans le commerce amoureux, dans le reſpect que les hommes avoient pour ce refus, & dans la facilité ſinguliere avec laquelle on les demande & on les obtient de nos jours.

La vie de l'amour s'uſe, comme

l'autre, par l'abus des jouiſſances: n'étant produite que par l'accumulation du fluide magnétique, & les faveurs tendant néceſſairement à diminuer cette ſurabondance, en les prématurant, on étouffe l'amour dans ſon berceau: plus on le réitere, plus il perd de ſa vigueur; & l'on peut dire qu'enfin elles l'aſſaſſinent matériellement.

D'ailleurs, les paſſions d'amour propre étoient autrefois moins communes. Les hommes, ſoit qu'ils fuſſent plus vertueux, ſoit qu'ils fuſſent moins éclairés, ne connoiſſoient point l'art dangereux de les produire & de les alimenter; ils faiſoient des actions héroïques pour plaire à leurs Maîtreſſes; mais il ſeroit facile de prouver que ces actes héroïques agiſſent moins fortement ſur l'amour-propre, que de petits riens adroitement combinés : c'eſt en le tracaſſant continuellement par de petites fineſſes, qu'on parvient à le paſſionner, & à l'irriter au point d'en obtenir les effets qui caractériſent l'amour.

Auſſi, ce n'eſt guere que lorſque la civiliſation a fait tous ſes progrès, que la corruption & la molleſſe oiſive érigent en principes cet abus moral de l'exiſtence phyſique ; & comme ces paſſions artificielles, qu'on eſt dans l'uſage de confondre avec celles que donne la nature, doivent néceſſairement être moins durables que les autres, par l'aiſance avec laquelle elles peuvent changer d'objet; on en conclut que l'amour dégénere, & qu'on n'aime plus comme on aimoit autrefois.

On a raiſon, ſans doute, parce

qu'autrefois on n'obéissoit qu'aux inspirations de la nature ; on ne s'avisoit point de la falsifier : on ne vouloit pas aimer en dépit d'elle-même ; on éprouvoit l'amour comme on éprouve une maladie, sans accélérer ses crises salutaires, & sans les prévenir par de fausses imitations.

On peut faire aux Villageois l'application de ce que je viens de dire ; les passions d'amour-propre ne leur sont guere connues, & lorsqu'ils aiment véritablement, s'ils aiment plus long-tems que les habitans des villes, ce n'est pas parce qu'ils trouvent dans cette union, des charmes que les autres n'y trouvent pas ordinairement, par les raisons que j'en ai données. Les peines & les plaisirs moraux ne peuvent éteindre ni prolonger l'amour ; mais une vie innocente, pure & laborieuse, rend les jouiſſances phyſiques moins fréquentes, & perpétue ſon empire.

D'ailleurs, les Villageois ſont moins nombreux, moins entaſſés les uns ſur les autres ; le fluide vital eſt moins aſpiré, moins mêlangé que dans les villes ; le changement de direction moins facile, la communication moins contrariée ; lorſqu'elle eſt établie, elle s'entretient par la préſence journaliere : tout cela peut contribuer à rendre l'amour plus ferme & plus durable.

Deux individus de différent ſexe, relégués dans une île deſerte, s'aimeroient néceſſairement, non pas, comme on le prétend, par le beſoin d'un ſecours mutuel ; mais parce que le fluide dont ils ſeroient imprégnés, ne trouveroit pas d'autre lieu de repos.

Je ſuis, &c.

LETTRE XI.

Vous ſavez, Madame, que je vous ai ſouvent entendu blâmer les paſſions des vieillards. Vous prétendiez que l'amour en cheveux gris déshonoroit la vieilleſſe : oubliant un proverbe fort ſage, vous ſouteniez affirmativement, que jamais vous n'offririez le ſpectacle d'une amante ſurannée : enfin, vous ne pouviez concevoir que des gens raiſonnables fuſſent aſſez dupes de leur vanité, pour ne pas s'appercevoir qu'à leur âge l'amour eſt une folie impardonnable.

Vous en parliez fort à votre aiſe; les circonſtances les plus difficiles ne ſont rien quand on ne s'y trouve pas engagé. Je me contentois de vous dire que l'amour ne raiſonne point ; mais vous ne m'écoutiez pas.

Aujourd'hui , l'amour dans les vieilles gens vous fournit une objection contre mon ſyſtême. S'il eſt vrai (dites-vous) que cette paſſion conſiſte dans la ſurabondance de ce prétendu fluide , les vieillards doivent en être moins pourvus que les jeunes gens : comment ſe fait-il donc qu'ils ne ſoient pas à l'abri de ſes atteintes ?

Avant de répondre à cette objection , permettez-moi de rappeller mes principes.

Je vous ai dit que dans l'enfance, tout ce qu'on obtenoit de ce précieux fluide, ſervoit à l'accroiſſement de l'individu ; qu'enſuite la nature ſe montroit encore libérale à notre égard, afin que l'accumulation de cette ſubſtance vitale devînt en nous le principe du rapprochement & de l'union d'un être analogue qui vient participer à notre vie, comme nous participons à la ſienne.

Cette alliance ne pouvant s'opérer que par les émiſſions & les aſpirations du fluide vital, plus on en eſt ſurchargé, plus la paſſion eſt vive; on peut même dire qu'elle ne ſe manifeſte dans toute ſon énergie que pendant le tems néceſſaire à l'identification; & quoique ce ſoit l'époque des troubles, des tranſports, & par conſéquent des plaiſirs les plus vifs, je doute qu'elle ſoit préférable à celle qui la ſuit.

Que n'ai-je le pinceau de l'Albane, ou la plume de l'Auteur d'Héloïſe, pour vous peindre cette époque où le calme du bonheur ſuccéde aux orages de la paſſion ! pourquoi le ciel ne me donna-t-il point une parcelle de ce feu ſacré qu'on appelle génie ? Où réſide-t-il ? Qu'il vienne colorer mes penſées &. vivifier mon ſtyle : ſans lui, c'eſt en vain que je vous repréſenterai deux êtres vertueux, identifiés par l'amour ; vous ne ſentirez point le charme de leurs jouiſſances paiſibles : & comment vous rendre ces tableaux divins, ces effets enchanteurs que chaque jour voit réſulter du mêlange de deux vies innocentes & pures ? Que les triſtes exagérateurs des miſeres humaines ne diſent plus que la félicité n'eſt pas faite pour l'homme ; tant pis pour eux ſi deux êtres ainſi modifiés ne leur en offrent point l'image. Et qu'eſt-ce donc que ce contentement intérieur, ce plaiſir d'habitude qui s'étend ſur toutes leurs facultés phyſiques & morales? Cet amour, ſi naturaliſé chez eux, qu'ils le poſſédent ſans preſque s'en appercevoir, tant ſa chaîne eſt légere? Accuſez la nature ſi vous voulez; plaignez vous du peu de durée de ces biens inappréciables, mais ne les déſavouez pas.

Oui, Madame, lorſque l'identification eſt conſommée, que l'on vit réellement l'un dans l'autre, la ſomme commune du fluide vital ſe trouvant également partagée, devient moins peſante, le beſoin de le répandre moins exigeant; il paſſe ſans effort par la communication établie, & par ce mélange continuel, entretient & perpétue l'exiſtence de l'amour.

Cépendant, parce qu'on n'éprouve plus d'agitations violentes, on méconnoît quelquefois l'amour dans une position qui peut en être regardée comme le complément : on l'appelle amitié tendre, affection délicate ; on veut qu'elle soit le produit de l'estime mutuelle & de la confiance réciproque : d'après cette erreur on soutient que l'amour n'est pas nécessaire entre deux époux, pour qu'ils fassent bon ménage. Le célebre Rousseau va même jusqu'à dire qu'il y seroit un obstacle.

Mais il en est en cela de l'amour comme de la santé ; nous la possédons sans qu'elle soit sensible pour nous, & nous ne la reconnoissons que lorsque nous sommes menacés de la perdre : aussi cette prétendue amitié, lorsqu'elle n'est pas feinte, ne tarde pas à manifester tous les caracteres de la passion, si l'une des deux parties tend à se séparer.

Après vous avoir montré la cause, la naissance & les progrès de cette seconde vie, que nous appellons amour, ou plutôt de cette modification de la premiere, il faut bien vous en expliquer la décadence & la mort.

Quand nous sommes parvenus à ce période marqué par la nature, ou par des gradations insensibles, nous commençons à tendre vers notre fin; cette même nature commence à se montrer moins libérale du fluide vital à notre égard, ou nous devenons moins susceptibles de le recevoir: les organes qui le contenoient en nous s'affoiblissent; les aspirations & les émissions deviennent moins fréquentes, moins abondantes & moins parfaites.

L'amour doit être néceſſairement la premiere victime de cette dégradation; ſon exiſtence n'étant fondée que ſur le ſuperflu de vie que chaque individu met de ſon côté; le tribut de ce ſuperflu, diminuant de jour en jour, l'amour doit diminuer en proportion & finir par s'éteindre; alors nous revenons à notre premiere exiſtence, individuelle, mere de la ſeconde, & qui ſemble ne lui ſurvivre que pour la regretter.

Mais vous devez concevoir qu'elle eſt atteinte de la même maladie, & que par conſéquent elle doit ſubir le même ſort: le tribut de vie néceſſaire à ſa conſervation, diminue dans la même proportion, & par la même cauſe qu'a diminué ce ſuperflu dont vivoit ſa fille; il finit également par s'éteindre, & nous ceſſons d'exiſter pour nous, comme nous avons ceſſé d'exiſter pour l'amour.

Ainſi, Madame, la nature accorde à l'enfant plus de vie qu'il ne lui en faut pour vivre, afin que le ſuperflu ſerve à ſon accroiſſement : quand ſon exiſtence individuelle eſt parfaite, elle ſe montre encore prodigue à ſon égard, afin que, ſurchargé de cette ſurabondance, il éprouve le beſoin d'un être analogue qui la partage : ce beſoin réciproque eſt le lien phyſique par lequel elle rapproche deux individus, & les retient dans une identification parfaite, parce que leur concours mutuel eſt néceſſaire à la reproduction ; elle perpétue ce beſoin, & par conſéquent ce lien, tant que ce concours déja néceſſaire à la reproduction, peut être efficient : quand il ne l'eſt plus, comme il n'eſt pas en elle de faire aucune démarche inutile, & que tout doit avoir une cauſe finale, elle retire inſenſiblement des bienfaits qu'on ne peut plus employer à ſon uſage.

Mais je crois appercevoir que vous triomphez, & qu'au lieu de trouver dans ce que je viens de dire, la réponſe à l'objection que vous m'avez faite, vous préſumez qu'elle n'en eſt que plus ſolide : tâchons de vous tirer de cette erreur.

Vous ſavez, Madame, qu'il eſt aſſez généralement reçu, que les extrêmes produiſent le même effet : d'après cette maxime, vous n'aurez pas de peine à concevoir que ſi le jeune homme devient amoureux par la ſurabondance de fluide vital, dont ſon exiſtence individuelle ſe trouve ſurchargée,

ſurchargée, le vieillard doit aimer par la raiſon contraire : cependant cette idée exige quelques développemens.

Ceux qui prétendent que cette paſſion reparoît ſur le ſoir de la vie, parlent d'après l'expérience, & répétent ce que tout le monde ſait ; mais on s'abuſe quand on l'attribue à cette erreur de la vanité, qui perſuade qu'on eſt encore en âge de plaire : l'amour-propre peut donner cette erreur ; mais cette erreur ne donne point l'amour.

Le vieillard aime par amour pour lui-même, parce qu'il tient à ſon exiſtence individuelle, & que la nature, diminuant chaque jour le fluide vital, néceſſaire à ſa conſervation, il cherche à le rattraper ſur les objets auxquels elle le prodigue : auſſi voyons-nous que c'eſt ordinairement à l'extrême jeuneſſe qu'ils donnent la préférence, tant ils deſirent de boire à la ſource de la vie. Ils ſe montrent plus délicats que les jeunes gens, & d'après cette donnée, la choſe n'eſt pas difficile à comprendre.

Ainſi dans les jeunes gens l'amour eſt une paſſion libérale, & dans les vieillards elle eſt égoïſte : pour peu qu'on y faſſe attention, on apperçoit cette différence dans les effets qui les caractériſent.

Les prieres du jeune homme ſemblent être des ordres de ſe conformer à ce qu'il deſire ; quoique tendre, il eſt exigeant & garde toujours une eſpece de ſupériorité : l'autre au contraire a l'air d'un néceſſiteux qui demande humblement une grace. Le premier eſt confiant ; l'autre, quand l'hymen ou les richeſſes lui donnent le droit de tyranniſer, eſt ordinairement jaloux, & ne s'en cache point. Cette jalouſie n'eſt pas, comme on le croit, le fruit de la méfiance de ſoi-même, ni de l'expérience acquiſe ; mais le vieillard n'aimant que pour lui-même, l'objet de ſa paſſion n'étant pour lui qu'un foyer de vie, il craint de le perdre, comme il craint d'être volé. S'il fait éclater ſes ſoupçons, s'il perſécute, c'eſt encore par la même raiſon : quelque néceſſaire que ſoit l'objet qu'il aime à ſon exiſtence individuelle, ce même objet ne la partage point ; par conſéquent il ne craint pas de ſe nuire à ſoi-même, ni de s'affliger perſonnellement dans ce qui lui eſt étranger.

D'après ces obſervations, Madame, je ne ſais trop ſi ce n'eſt point profaner le nom d'amour, que de le donner à la paſſion des vieillards, & s'il ne vaudroit pas mieux l'appeller avarice, puiſqu'elle en offre le caractere : changez le nom de femme ou de Maîtreſſe, pour y ſubſtituer celui de coffre-fort, & vous verrez que ce n'eſt qu'une véritable avarice ; paſſion qui ſemble être l'apanage de la vieilleſſe.

Vous êtes ſans doute dans l'erreur commune, que ce ſont les rides, les cheveux gris, & les difformités de l'âge, qui, par leur préſence, effarouchent la beauté, les graces, la jeuneſſe, & mettent les vieilles gens dans la malheureuſe impoſſibilité d'en obtenir aucun retour ; mais faites attention, je vous prie, que ſi la difformité n'eſt point un obſtacle à l'amour, quand on eſt jeune, comme je crois l'avoir établi dans mes Lettres précédentes, elle ne peut pas l'être davantage quand on eſt vieux; & que ſi les vieillards ne ſont point aimés, ce ne ſont ni les rides qu'on ne ceſſe de calomnier, ni les cheveux gris, qui leur rendent ce mauvais ſervice.

Il faut en chercher la cauſe phyſique dans la nature, qui ne s'intéreſſe plus à leurs beſoins; il n'entre pas dans ſon plan de les ſatisfaire, parce qu'ils ne ſauroient tourner à ſon avantage.

A préſent, Madame, vous devez ſentir toute la témérité de vos ſermens, & concevoir que l'amour dans la vieilleſſe eſt plutôt un malheur qu'un ridicule. On ne s'obſtine à le regarder comme tel, que parce qu'on veut abſolument qu'il dérive d'une cauſe morale, & qu'il ne ſe fonde que ſur la prétention de ſéduire. Nous voulons qu'il dépende de nous, tandis que nous ſommes entiérement dans ſa dépendance, & qu'il n'eſt pas plus en notre pouvoir de l'éviter, que de ne point ſouffrir quand nous ſommes malades.

Je ſuis, &c.

LETTRE XII.

Enfin, Madame, je crois avoir dépouillé l'amour de toutes les parties hétérogenes qui pouvoient vous autoriser à prendre le change ; il me semble que je vous l'ai montré pur & sans alliage, indépendant de toutes les causes morales auxquelles vous pouviez l'attribuer, ne faisant aucune acception des personnes, étant le même pour tous, agissant également sans distinction, & par les mêmes procédés, sur les bons comme sur les méchans, sur les beaux comme sur les difformes, sur les sots comme sur les gens d'esprit.

Vous avez dû voir que si tous tes contraires moraux, qui sembleroient ne devoir jamais s'allier, se trouvent cependant réunis sous les liens physiques de cette passion, c'est sans qu'elle y participe en aucune maniere ; & rien ne le prouve autant que l'état de guerre dans lequel ils y vivent, quand l'amour-propre ne prend pas sur lui de les concilier.

Vous devez encore être convaincue que la séduction toute seule ne peut produire que ce simulacre de l'amour, qu'on ne confond si souvent avec lui, que parce qu'il en offre les marques extérieures, ou que la nature veut bien quelquefois suppléer à l'insuffisance de l'art, & produire elle-même ce que tous ses efforts n'auroient pu qu'imiter imparfaitement.

Que deviennent à présent toutes ces théories, tous ces *arts d'aimer*, écrits avec tant de complaisance sur une matiere où l'art ne peut entrer pour rien ? A quoi ſerviront les précepţtes ſi vantés du galant Ovide, du gentil Bernard, & en dernier lieu, de l'Auteur qui nous donna l'art de rendre les femmes fidelles, & de corriger les maris ?

Que ferons-nous de cet arſenal de belles penſées, de ce magaſin de réflexions morales & métaphyſiques ſur l'amour, qui depuis ſi long-tems ſont en poſſeſſion de faire la fortune de nos romans & de nos pieces de théâtre ? Faudra-t-il les condamner impitoyablement aux flammes, & par cette proſcription couper les vivres à tant de plumes, dont l'exiſtence n'eſt fondée que ſur cet héritage inépuiſable ?

Je crois entrevoir un moyen de concilier les intérêts de la vérité, qui doivent paſſer avant toute choſe, avec une ſage tolérance pour ces ſortes de compoſitions : il s'agiroit de faire, à l'égard des Romanciers & des Auteurs dramatiques, ce qu'on a fait pour les Peintres & les Poëtes ; il faudroit leur abandonner le ſyſtême moral de l'amour, dans le même ſens que les autres en poſſédent la mythologie : qu'ils continuent de l'exploiter à leur profit pour l'unique plaiſir de ceux que les fictions amuſent ; mais à cela près, que les Phyſiciens ſoient les vrais profeſſeurs de la doctrine amoureuſe.

O toi, jeune Adonis ! qui prétends au titre glorieux d'homme à bonnes fortunes, ce ne ſera point en ſuivant les routes battues, que tu pourras acquérir quelque ſupériorité : les couliſſes de l'Opéra ne te donneront point la ſcience néceſſaire pour y parvenir; des couplets n'en ſont pas les rudimens : ce n'eſt que par une ſurabondance de vie que tu peux juſtifier ta miſſion, au lieu de te parfumer & de conſumer les heures au grand œuvre de ta toilette ; apprends à ravir à la nature l'agent vital qu'elle renferme, à te l'approprier, à t'en rendre le maître, pour t'en ſervir au gré des circonſtances : ſache le communiquer & le ſoutirer à propos ; ſi cette opération te devient familiere, laiſſe tes pâles rivaux s'épuiſer en complimens bien fades, en petits ſoins bien empreſſés ; tu l'emporteras inévitablement ſur eux.

Oui, Madame, voilà préciſément à quoi ſe réduira déſormais le grand art d'aimer & de plaire ; c'eſt d'après ces principes, que nous pourrons en avoir une théorie certaine, calculer notre conduite, & produire à point nommé les effets que nous desirons : la marche des passions n'aura plus rien d'arbitraire ; il sera possible de les raisonner, d'en graduer toutes les nuances, de les maîtriser enfin, au lieu d'être maîtrisé par elles, comme cela nous arrive assez souvent.

Je suis, &c.

P. S. Pour empêcher toute mauvaise interprétation sur les sentimens de l'Auteur de ces Lettres, il prévient ses Lecteurs, qu'il ne les publie que comme le résultat du Mesmérisme ; on ne l'a guere considéré jusqu'ici que relativement à la Médecine : le présenter sous ce nouveau jour, c'est sans doute ajouter aux motifs de le proscrire.

Au surplus, de ce qu'on admettroit que l'amour propre vient d'une cause physique, il ne s'ensuivroit pas qu'on ne pût ni ne dût résister à ses effets, lorsqu'ils contrarient l'ordre social, ou la foi que l'on professe. La plupart des loix civiles & religieuses ne tendent qu'à réprimer les impulsions de la nature, & la vertu ne se nourrit que des triomphes remportés sur elle.

FIN.

www.ingramcontent.com/pod-product-compliance
Ingram Content Group UK Ltd.
Pitfield, Milton Keynes, MK11 3LW, UK
UKHW021054260726
13994UKWH00002B/534

9 782329 369068